VUES

SUR L'ORGANISATION

ET L'EXPLOITATION

POUR LE COMPTE DE L'ÉTAT

D'UNE

BANQUE IMMOBILIÈRE.

> « Avez-vous besoin d'une
> » bonne institution ?
>
> » Préparez les esprits,
> » par la presse, à com-
> » prendre le bien que vous
> » voulez faire.
> » Sièyses. »

Prix : 20 Centimes.

PARIS

LIBRAIRIE DE RENARD,
Rue Sainte-Anne, nº 71;
ET CHEZ MARC-AUREL, IMPRIMEUR-LIBRAIRE,
Rue Richer, nº 20.

1848.

PROJET DE DÉCRET

RELATIF A L'INSTITUTION

D'UNE

BANQUE NATIONALE IMMOBILIÈRE,

ET

NOTE EXPLICATIVE

DES MOTIFS

ET DES DISPOSITIONS DE CE PROJET.

PROJET DE DÉCRET.

ART. 1.

Le Ministre des Finances est autorisé à organiser, pour le compte de l'Etat, une Banque qui sera dénommée BANQUE NATIONALE IMMOBILIÈRE. Elle aura son siège à Paris, et un Comptoir dans chacun des arrondissements de Préfecture et de Sous-Préfecture.

La Banque devra être constituée et fonctionner vingt jours après la date du présent décret.

ART. 2.

La Banque pourra ouvrir un compte au nom de tout propriétaire d'un immeuble situé sur le territoire Français et le créditer éventuellement d'une partie de la valeur de cet immeuble.

ART. 3.

Pour obtenir de la Banque l'ouverture d'un compte et celle d'un crédit, tout propriétaire d'un immeuble devra produire l'extrait, en double expédition, dûment certifié et contrôlé, de la matrice du rôle de la contribution foncière de cet immeuble. Dans cet extrait seront toujours distinctes l'évaluation du revenu de la propriété bâtie et l'évaluation du revenu de toute autre partie de la propriété; le revenu de la propriété bâtie sera lui-même distingué, s'il y a lieu, en deux catégories:

La première comprendra le revenu de la partie de la propriété composée exclusivement de bâtiments d'habitation où à la fois de bâtiments d'habitation et de bâtiments destinés, soit à une exploitation agricole, soit à une entreprise de transports, soit enfin à entrepôts ou magasins.

La deuxième comprendra le revenu de toute usine et de ses accessoires immeubles par destination, appropriés à l'exploitation d'une industrie manufacturière.

ART. 4.

La valeur de tout immeuble sera déterminée par l'évaluation de son revenu.

Cette valeur sera fixée, savoir :

1° A quinze fois le revenu pour les propriétés bâties sans distinction ;

2° A vingt fois le revenu pour toute autre propriété.

Après cette fixation, le compte du propriétaire pourra être crédité, savoir :

S'il s'agit d'une propriété bâtie de la première catégorie, d'une somme égale à deux cinquièmes de sa valeur.

S'il s'agit d'une propriété bâtie de la deuxième catégorie, d'une somme égale à un cinquième de sa valeur.

S'il s'agit de toute autre propriété, d'une somme égale à quatre cinquièmes de sa valeur.

Pourra toutefois, l'administration de la Banque, en cas de réclamation contre l'insuffisance de l'évaluation du revenu de l'immeuble et sur la demande du propriétaire tendant à ce que cette évaluation soit augmentée, user d'une faculté semblable à celle que l'art. 2,165 du Code civil laisse aux juges des instances en réduction des inscriptions hypothécaires ; à cet effet, la Banque chargera un jury d'instruire la demande en premier ordre et l'autorisera à s'aider pour arriver, s'il y a lieu, à la rectification de l'évaluation du revenu, des éclaircissements pouvant résulter de baux non suspects, de procès-verbaux de date récente soit d'estimation de l'immeuble, soit d'adjudication faite en justice et de tous autres actes et documents. D'après leurs résultats, il serait conclu un revenu moyen à multiplier par quinze ou par vingt selon la nature de l'immeuble, pour déterminer sa valeur.

L'opération du jury ne pourra, dans aucun cas, motiver de changement à la matrice du rôle pour l'immeuble ventilé ni pour aucun immeuble existant dans la même commune ; le procès-verbal de cette opération servira seulement devant l'administration de la Banque, sauf la condition prescrite par l'art. 13 du présent décret.

Le jury se composera du maire de la commune de la situation de l'immeuble ou d'un adjoint, du receveur de l'enregistrement et d'un contrôleur ou du percepteur des contributions directes.

Pourra, aussi, l'administration de la Banque, le directeur des Contributions directes du département entendu et de l'avis de la commission de surveillance instituée conformément à l'art. 13 du présent décret, porter le crédit, pour une propriété bâtie de la deuxième catégorie, au tiers de sa valeur, si l'usine est en activité et s'il est notoire, que pendant les cinq années qui auront précédé la demande de crédit, l'établissement n'est pas resté en chomage douze mois consécutifs.

A l'expiration des dix jours qui suivront celui de la production d'un extrait de matrice de rôle, si le titulaire n'a point en même temps réclamé contre l'insuffisance de l'évaluation du revenu, ou plus tôt si faire se peut, l'Administration de la Banque fera connaître au titulaire de cet extrait, l'issue de sa demande en ouverture d'un compte et d'un crédit.

Le délai ne pourra, dans le même cas, excéder dix jours quand la demande et la production exigées par l'article 3, auront été faites au Comptoir de l'arrondissement de la situation de l'immeuble. Le délai sera de vingt jours si le propriétaire s'est adressé à un autre Comptoir ou au siège de la Banque à Paris, à moins, dans le dernier cas, que l'immeuble ne soit situé dans le département de la Seine.

ART. 5.

Tout propriétaire qui aura obtenu de la Banque un crédit éventuel, sera recevable à lui demander un prêt du montant de ce crédit ou des prêts successifs pourvu que réunis, ils n'excèdent pas la somme portée au crédit du compte.

ART. 6.

A l'appui de sa demande, le titulaire d'un crédit devra produire :

1° Ses titres de propriété, et notamment, si la possession résulte d'une acquisition ou d'une donation entre vifs, l'expédition de l'acte translatif de propriété, transcrite au bureau de la conservation des hypothèques.

2° S'il s'agit d'une propriété bâtie ou d'une propriété en nature de forêts, une police d'assurance contre l'incendie, accompagnée de l'engagement provisionnelle du propriétaire, pour le cas où un prêt lui serait fait, de subroger, par son obligation, la Banque, dans les droits éventuels à exercer par lui contre tout assureur de l'immeuble.

En outre, pour toute propriété bâtie, ayant accès sur une voie publique, un extrait du plan d'alignement des propriétés riveraines de cette voie, dûment certifié par l'administration communale, ou par celle des ponts-et-chaussées.

3° S'il est ou s'il a été marié, son contrat de mariage; ou s'il s'est marié sans contrat, la déclaration de ce fait; ou enfin la déclaration qu'il est célibataire. Toute demande d'un propriétaire marié sera faite collectivement par lui et par sa femme. Cette disposition n'est point toutefois applicable aux femmes mariées sous le régime dotal.

4° Une déclaration de sa qualité, s'il est ou s'il a été comptable de fonds publics, ou tuteur, ou la déclaration qu'il réunit ou qu'il a réuni en sa personne ces deux qualités.

5° Un certificat du conservateur des hypothèques de l'arrondissement de la situation de l'immeuble, constatant qu'il n'existe sur ses registres aucune inscription qui grève cet immeuble.

« S'il existe une inscription ou plusieurs, et si le montant en est appréciable, la Banque pourra, sauf le résultat de l'observation des formalités prescrites par l'article 7 ci après, consentir à prêter la différence reconnue entre la somme déjà inscrite en principal et accessoires légaux et le montant du crédit du compte.

Le propriétaire d'un immeuble grevé sera d'ailleurs recevable à demander, le cas échéant, la subrogation de l'État aux droits des créanciers premiers inscrits, jusqu'à concurrence du montant du crédit.

Si le montant des inscriptions ne peut être apprécié, en raison de ce qu'elles comprendraient une hypothèque légale indéterminée ou plusieurs, la demande de prêt restera sans effet.

Si l'immeuble offert à la Banque pour garantir un prêt à obtenir d'elle, est échu au titulaire par un partage de succession qui le constitue débiteur d'une soulte ou de plusieurs soultes; ou si cet immeuble provient d'une vente faite par licitation sans que l'acquéreur justifie de sa libération, la Banque n'agréera pas la demande du prêt, à moins que soixante jours pleins ne se soient écoulés entre la date de l'acte de partage ou de l'adjudication et celle du certificat du conservateur des hypothèques.

Si le gage du prêt à obtenir, consiste en un immeuble possédé par indivis, la demande de ce prêt restera sans effet à moins qu'elle ne soit formée par tous les co-propriétaires solidairement, ou par un ou plusieurs d'entre eux avec le cautionnement solidaire des autres. Dans cette dernière hypothèse, la valeur de la part indivise de tout co-propriétaire cautionné, servira exclusivement de base au calcul de la somme à prêter. Néanmoins, si après l'accomplissement des formalités spécifiées en l'art. 7, le prêt doit se réaliser, l'inscription de l'hypothèque frappera sur la totalité de l'immeuble.

La Banque s'abstiendra aussi de consentir à la demande d'un prêt formée par tout héritier ou représentant d'un propriétaire décédé, tant que six mois ne se seront pas écoulés entre le jour de l'ouverture de la succession et celui dont sera daté le certificat du conservateur des hypothèques.

6° Le titulaire d'un crédit devra de plus consigner une somme de dix francs pour couvrir tous frais stériles auxquels l'incomplet de ses productions pourrait exposer la Banque.

Cette somme sera remboursée dans les deux hypothèses suivantes :

1° Si l'examen et la discussion des pièces produites, conformément au présent article, font reconnaître qu'il n'y a pas lieu par la Banque, de déclarer que suite peut-être donnée à la demande du prêt.

2° Si le prêt est reconnu réalisable, et s'il se réalise après l'accomplissement des formalités prescrites par l'article 7 du présent décret.

ART. 7.

Dans les trois jours qui suivront la production des pièces exigées par l'article précédent, s'il résulte de leur examen qu'elles remplissent les conditions voulues par cet article, la Banque dressera une déclaration pour constater ce fait et fera immédiatement remplir les formalités dont le détail est ci-après :

L'extrait en forme de la déclaration énonçant que la demande d'un prêt a été adressée à l'administration de la Banque par N.

propriétaire de tel immeuble, et qu'il y a lieu de donner suite à cette demande, sera et restera pendant un mois affiché dans l'auditoire du Tribunal civil de l'arrondissement de la situation de l'immeuble, avec sommation à tout administrateur de commune ou d'établissement public, tuteur de mineur ou d'interdit, titulaire de créance privilégiée ayant droit d'hypothèque non inscrite sur l'immeuble désigné, ainsi qu'à tout vendeur pouvant prétendre au prix ou à une partie du prix de l'aliénation de cet immeuble, d'avoir à prendre inscription dans le cours d'un mois à partir du jour de la sommation.

Semblable extrait de la déclaration contenant réquisition dans les mêmes termes sera simultanément inséré dans tout journal désigné pour recevoir les annonces judiciaires dans le département; l'insertion y sera renouvelée quinze jours après.

Ces différentes publications et mises en demeure équivaudront pour les intéressés à sommation juridique d'exercer leurs droits.

Toute inscription de privilège ou d'hypothèque qui aurait lieu après le mois sus indiqué, ne primera pas celle que la Banque, par sa déclaration, se sera réservé la faculté de prendre dans le cours du mois suivant ; et les droits actuels ou éventuels non inscrits des titulaires de priviléges et d'hypothèques, ne pourront, dans aucun cas, ni prévaloir sur ceux de la Banque, ni exposer cet établissement aux effets de l'action résolutoire :

Après l'expiration du mois de la publication, le conservateur devra dresser d'office, en double expédition, un état des inscriptions dont l'immeuble se trouverait alors être grevé et l'envoyer à l'administration de la Banque, ou la munir, s'il y a lieu, également d'office, et en double expédition, d'un certificat constatant qu'il n'existe aucune inscription sur les registres de la conservation.

Les frais de l'accomplissement de ces diverses formalités seront à la charge de la Banque.

A l'arrivée de l'une des deux dernières pièces énoncées au présent article, et, au vu des pièces constatant la régularité des publications, il sera statué définitivement sur la demande de pret qu'elles concerneront.

Si le prêt ne peut se réaliser, le propriétaire de l'immeuble en sera instruit sur-le-champ.

Dans le cas contraire, l'emprunteur, en remettant à la Banque une obligation *en double expédition*, dont la formule aura été déterminée par un règlement d'administration publique, pourra retirer les valeurs dont le prêt se composera, savoir:

A Paris, dans les vingt-quatre heures.

Dans les comptoirs des départements, dès que ces valeurs y seront parvenues.

Dans toute obligation souscrite par un propriétaire marié, sa femme devra intervenir à l'effet de consentir, en faveur de l'établissement, avec antériorité et par préférence à elle-même, subrogation jusqu'à concurrence du montant du prêt, dans l'effet de son hypothèque légale contre son mari, pour raison de reprises, créances et avantages matrimoniaux.

Il ne sera perçu qu'un droit fixe de deux francs pour l'enregisment de toute obligation.

Cet acte aura, jusqu'à parfait remboursement du prêt en principal et accessoires la vertu d'un titre authentique et exécutoire.

L'inscription de l'hypothèque consentie en faveur de la Banque, aura lieu sans délai sur la demande et aux frais de cet établissement.

Cette inscription ne donnera point lieu à la perception du droit proportionnel.

ART. 8.

Aucun prêt n'aura lieu pour une durée de moins de six mois ni de plus de trois années, sauf prorogation s'il y a lieu a l'expiration de ce terme et de toute période de trois années ou d'un laps de temps moindre, aux conditions exprimées en l'article 9 ci-après.

ART. 9.

Le taux de l'intérêt est fixé à 4 p. % par année ; cet intérêt sera prélevé au moment du prêt, sur la somme prêtée, pour tout le temps à courir jusqu'au jour fixé pour l'exigibilité du remboursement. La Banque, en opérant ce prélèvement, bonifiera l'escompte réglé par semestre, sur les sommes partielles d'intérêts dont l'emprunteur se trouvera être libéré par anticipation.

Les dispositions du présent article s'exécuteront en cas de prorogation de l'époque du remboursement d'un prêt.

ART. 10.

Le compte du trésor public dans les écritures de la Banque, sera crédité de l'intégralité des intérêts retenus ; il sera débité du montant de l'escompte bonifié.

ART. 11.

Les prêts seront effectués en billets de la *Banque Nationale immobilière.*

La Banque est autorisée à cet effet, à créer et à émettre, au fur et à mesure de ses besoins, des billets au porteur en coupures de 20, 100, 200, 500 et 1,000 fr. extraits de registres à souche.

Elle recevra ou soldera en espèces les appoints au-dessous de 20 fr.

Les billets de la Banque Nationale immobilière auront cours forcé.

L'article 139 du code pénal est applicable aux auteurs et complices des crimes de contrefaçon, émission, falsification ou altération des billets de la Banque Nationale immobilière, ainsi qu'aux individus qui auraient sciemment fait usage de billets faux ou altérés.

Art. 12.

Les prêts de la Banque pourront lui être remboursés intégralement avant le terme fixé par les engagements de l'emprunteur. Il sera alors tenu compte à ce dernier, pour le temps à courir jusqu'à l'expiration dudit terme, des intérêts dont il se sera libéré par avance en exécution de l'article 9.

Les prêts pourront aussi être remboursés par à comptes, pourvu que le premier à compte soit d'un dixième au moins de ce qui sera dû à la Banque et que les autres à comptes ne soient pas inférieurs à ce dixième; il sera également tenu compte alors, sur la somme remboursée, des intérêts de cette somme pour le temps restant à courir jusqu'au terme des engagements du propriétaire.

Tout remboursement intégral et tout remboursement partiel pourra s'effectuer, soit au siège de la Banque à Paris, soit à l'un de ses comptoirs.

Au fur et à mesure de ces remboursements, il sera procédé, pour leur montant, à l'annullation d'une somme égale (*sauf tout appoint au-dessous de* 20 *francs*), de billets de la Banque immobilière, de telle sorte que ce qui restera de billets de cette nature dans la circulation, n'excède jamais le solde à rembourser à la Banque sur la masse des obligations souscrites envers elle.

Les billets annulés seront joints au compte annuel de l'agent comptable de la Banque qui aura reçu le remboursement. Après le jugement par la Cour des comptes, de tous les comptes rendus pour une même année, la Cour désignera trois de ses membres pour assister à l'incinération des billets annulés ; le procès-verbal de cette opération constatera le nombre des billets de chaque calibre qui auront été ainsi anéantis.

Quand les remboursements auront eu lieu en espèces ou en valeurs autres que des billets de la Banque immobilière, elles devront être converties en billets de cet établissement, pour lesquels s'exécuteront les dispositions sus-énoncées du présent article.

S'il arrive à l'échéance d'une obligation souscrite envers la Banque que le débiteur ne se libère point, et que n'ayant point obtenu de prorogation, la condition voulue par l'art. 9 du présent décret, n'ait point été remplie, l'établissement exercera les droits que lui aura conférés le titre de sa créance.

ART. 13.

Une commission permanente, instituée par l'Assemblée nationale, sera chargée de la surveillance de la Banque.

A partir du .... 1848 ; toute augmentation de l'évaluation du revenu d'un immeuble porté sur la matrice du rôle de la contribution foncière et tout article nouveau ajouté à cette matrice ne seront valables devant la Banque qu'autant que les pièces relatives auxdits changements et additions auront été visées par la commission.

La commission de surveillance tiendra strictement la main à ce qu'il ne soit créé de billets qu'au moment et dans la mesure déterminés par le 2ᵉ § de l'article 11, du présent décret. Tout billet portera parmi les signatures dont il sera revêtu, celle du membre de la commission qui aura visé le talon de ce billet.

Les procès-verbaux des séances journalières de la commission de surveillance seront communiqués sans déplacement aux délégués des commissions de l'Assemblée Nationale spécialement chargées de rapports sur les projets de Budgets et les règlements de comptes, soumis à ses délibérations.

ART. 14.

Le compte annuel des opérations de la Banque et sa situation générale au 1ᵉʳ Janvier de chaque année seront présentés à l'Assemblée Nationale et publiés par le ministre des Finances, en même temps que les comptes de l'administration des Finances.

ART. 15.

Les récépissés que délivreront les comptables chargés du maniment des valeurs de la Banque, seront tous à talon ; la partie versante ne sera libérée qu'autant que ces récépissés auront été présentés dans les 24 heures au visa des autorités chargées d'exercer le contrôle prescrit par la loi du 24 avril 1833.

ART. 16.

Les préposés comptables de la Banque rendront à la Cour des

Comptes, un compte annuel de leur gestion : l'une des deux expéditions de toute obligation souscrite au profit de la Banque et un. double tant du bordereau d'inscription de l'hypothèque consentie par cette obligation, que de l'état des inscriptions ou du certificat énoncés dans le sixième paragraphe de l'article 7 du présent décret, seront toujours joints au compte du comptable qui aura délivré le montant du prêt. Ces pièces devront être conservées aux archives de la Cour des Comptes, jusqu'à ce que l'entier remboursement du prêt ait été constaté ; elles ne pourront être anéanties qu'en vertu d'un arrêt de la Cour.

Procès-verbal sommaire de cette opération, relatant chacune des obligations anéanties sera dressé en double expédition : l'une destinée aux archives du Ministère des Finances ; l'autre à celles de la Cour des Comptes.

Art. 17.

La Banque est dispensée de faire procéder, pour conserver la validité de ses droits, au renouvellement décennal des inscriptions hypothécaires consenties à son profit.

Art. 18.

Un décret spécial réglera dans le plus court délai possible, le mode d'exécution des opérations de la Banque dans les colonies, et pour les immeubles situés dans les possessions françaises d'outre-mer.

Art. 19.

Le présent décret sera et restera constamment placardé dans les bureaux des receveurs généraux et des receveurs particuliers des finances, ainsi que dans ceux des percepteurs des contributions directes et des directeurs des postes.

Il sera mis et il restera également en évidence dans la salle des séances des conseils municipaux de toutes les communes de la République.

NOTE EXPLICATIVE

DES MOTIFS

ET DES DISPOSITIONS DU PROJET.

Le projet de décret relatif à la création par l'État et à son profit d'une Banque Nationale immobilière se justifie par des motifs de deux natures : les uns sont tirés de l'utilité permanente de l'institution et de l'opportunité de la fonder actuellement ; les autres de la facilité même d'en organiser le mécanisme.

Les premiers motifs sont tellement évidents ; il est tellement notoire que la Banque serait à la fois un expédient propre aux conjonctures actuelles et à toujours une précieuse institution pour le pays, qu'il semble suffisant d'indiquer ici ces motifs sans les développer :

Rendre facultativement mobile dans les mains de tout propriétaire d'un immeuble, au prix d'un sacrifice modéré, une partie de la valeur de sa propriété ; mettre ainsi ce propriétaire à portée d'améliorer son fonds ou de le dégrever d'une charge trop lourde en opérant des remboursements déjà ou bientôt exigibles ; soustraire l'un aux serres de l'usure ; un autre à l'inertie forcée qui le mine ; donner à la plupart le moyen d'employer utilement des bras inoccupés ; suppléer à l'insuffisance de la circulation dés espèces métalliques ; contraindre en quelque sorte par un retour de confiance et d'activité dans les transactions, les capitaux retirés de la circulation à revenir y vivifier l'industrie et le commerce; ramener l'écoulement et la consommation des produits manufacturés; enfin contribuer à la diminution de la crise que nous traversons, tels sont en aperçu les effets qu'il serait permis d'espérer de l'existence de la Banque immobilière.

A ces motifs de premier ordre, s'en joignent d'une autre nature; en particulier, la faculté pour le gouvernement d'user de sa pleine puissance à l'effet de pourvoir la Banque, à mesure des besoins de cet établissement, des moyens de satisfaire aux demandes de fonds qui lui seront adressées : tout appel à des Capitalistes pour la fondation d'une Banque serait aujourd'hui dérisoire, tandis que le gouvernement qui, dans l'intérêt général, autorise gratuitement et à certaines conditions, les banques d'escomptes, à créer et à émettre des billets au porteur et donne cours forcé à ces billets, peut en mettant l'intérêt public d'accord avec l'intérêt privé, profiter d'avantages semblables à ceux qu'il concède, sauf à s'imposer et à remplir des conditions dont l'exécution serait la garantie du crédit de ses billets*.

---

* Des esprits superficiels s'écriront sans doute: *Voici encore du papier monnaie! où s'arrêtera-t-on?*

Loin de nous la pensée d'éluder la question : il est même essentiel qu'elle soit vidée tout de suite.

Oui, il faut en convenir: Voici *encore* du papier monnaie, car du jour où un décret a donné cours forcé aux billets de la Banque de France, leur circulation a été celle d'un papier monnaie non convertible en espèces, et les billets de la Banque Nationale immobilière seraient dans les mêmes conditions.

Mais doit-on s'arrêter devant le fantôme d'une dénomination quand il masque une réalité appréciable? C'est ce qui n'a point été fait pour les billets de la Banque de France : depuis la date du décret, ces billets ont circulé de main en main et ont été convertis en espèces, en dehors des comptoirs de la Banque, d'abord à la condition d'un faible agio causé par un resserrement général des espèces; puis cet agio s'est réduit à presque rien. A quelle cause attribuer un tel effet si ce n'est à l'appréciation de la valeur réelle des billets, fondée sur la connaissance de la sagesse et de la solvabilité de l'établissement qui en était garant; il en serait de même pour les billets de la Banque immobilière. Ecartons donc la première partie de l'objection et répondons à la dernière: *où s'arrêtera-t-on?* La seule question importante à envisager est en effet dans ce peu de mots!

Un autre motif qui milite péremptoirement en faveur du projet est aussi la facilité de son exécution, avantage qu'il conservera dans tous les tems, et précieux surtout dans un moment où il est urgent d'agir avec toute la célérité compatible avec notre régime hypothécaire actuel : le gouvernement trouverait en effet dans les

---

Eh bien, pourquoi hésiterait-on à le dire ? Le point d'arrêt, quant à la Banque immobilière, n'est point connu et il ne saurait l'être : qui connaît, en effet, le niveau jusqu'où peut s'élever la circulation nécessaire ou seulement utile de nouveaux signes d'échange en France, avant qu'il y ait dépréciation de ceux dont il y est déjà fait usage? Est-ce qu'en agriculture par exemple, des entreprises de développement, d'amélioration et de perfectionnement répandues sur une multitude de points du territoire n'y amèneraient pas le besoin de nouveaux capitaux dans une limite qu'on ne saurait encore évaluer? Or la Banque immobilière y pourvoira par ses billets ; et comme ce sera seulement à mesure et dans la proportion des besoins, les fluctuations dans la valeur des autres signes d'échange ne semblent guères à craindre.

Non la science économique n'a point dit et n'a pu dire son dernier mot sur l'influence que peut exercer dans certaines conditions, l'introduction de nouvelles valeurs dans la circulation : s'il est vrai qu'elles puissent affecter les anciennes, on peut soutenir aussi que personne ne sait dans quelle mesure les unes et les autres existeraient concurremment, sans se nuire, dans un pays vaste et industrieux où l'activité des affaires et des transactions n'a pour ainsi dire point de bornes!

Les faits auront donc à éclairer le gouvernement sur ce point : si les prêts sollicités de la Banque immobilière sont nombreux ; si, néanmoins, le taux moyen de l'intérêt s'abaisse peu et lentement ; si les nouveaux billets n'affluent pas vers les caisses publiques qui les admettront en payement des contributions et droits de toute nature, on devra en conclure l'utilité de la circulation de ces billets.

Si des faits contraires se manifestent, le gouvernement avisera ; mais s'abstenir avant épreuve, de venir en aide à la propriété et la priver d'un instrument de production, ce serait sacrifier le présent et l'avenir au respect d'une théorie spéculative. Aucun raisonnement n'empêchera que la mobilisation d'une partie de la valeur du champ d'un cultivateur ne mette entre ses mains un capital susceptible d'être productif; si donc cet homme est intelligent et instruit; si le produit de l'emploi du capital mobile excède le loyer qu'il coûte, n'est-il pas certain que l'excédant est un profit pour l'industrie agricole? faut-il l'en frustrer et frustrer en même tems le trésor public de l'intérêt des prêts ?

Au reste l'industrie des manufactures, celle des transports et le commerce ont

documents que possède l'administration publique et dans les agents surs et exercés dont-il dispose déjà sur tous les points du territoire de la République, les moyens d'exécuter le décret avec sécurité : connaissance des moindres immeubles ; faculté de faire au besoin discuter et apprécier les gages offerts ; de les saisir ; de faire fixer tous droits, régler tous décomptes, transporter, délivrer ou recouvrer des valeurs, tenir la comptabilité, rendre et juger les comptes ; enfin de faire conserver dans des archives inviolables les actes justificatifs des droits de l'État sur tout immeuble engagé à la Banque.

Ces moyens sont dès à présent dans les mains du gouvernement ainsi qu'on va le démontrer en pénétrant dans les détails du projet. On exposera en même temps les motifs de quelques dispositions qui pourraient devenir matière à controverse. L'exposé de ces motifs et le décret lui-même seraient plus brefs si notre régime hypothécaire avait subi la réforme qu'on se propose d'y introduire ou si seulement un décret en deux lignes contenait cette disposition :

« A partir du   aucune hypothèque légale ne sera » valable si elle n'a été inscrite en ordre utile ! »

En attendant une réforme tant et depuis si long-temps désirée et qu'on ne saurait peut-être entamer sur un point capital, sans voir l'ensemble, *tâchons de nous servir de ce que nous avons* (*), adage de bon sens s'il en fut.

L'article 1er autorise le ministre des finances à organiser la Ban-

---

leur Banque. Pourquoi la propriété foncière n'aurait elle pas la sienne ? les garanties que la propriété peut offrir sont elles moins solides ou plutôt ne le sont-elles pas plus ? Le nombre des intéressés à l'institution d'une Banque immobilière est-il moindre ? Les intérêts de tous les citoyens ne sont-ils pas étroitement liés les uns aux autres ? Des préjugés ne sauraient prévaloir contre la raison publique qu'appuye ici la raison d'État, car pour quiconque sait apprécier la situation et envisager l'avenir du Pays, les mœurs devant inévitablement s'y modifier, une grande mesure favorable à leur transformation est de nécessité impérieuse.

(*) Caussidière : Discours à l'Assemblée nationale, 20 juin 1848.

que pour le compte de l'état ; les motifs de cette disposition fondamentale ont été indiqués (page 14). La Banque devient donc une annexe du ministère des finances; les frais d'administration qu'elle occasionne sont à la charge de l'Etat, mais il trouve dans les intérêts des prêts que la Banque fait en ses billets (art. 11 du décret), non seulement une large compensation à la nouvelle dépense qu'il supporte, mais de plus une ressource dont l'importance dès 1848 ne saurait être mise en doute. Cet avantage mérite sérieuse considération quand, depuis six mois, le Trésor va s'appauvrissant, par la diminution du revenu public et par l'accroissement des charges de l'État.

La proposition d'établir des comptoirs de la Banque dans tous les chefs-lieux de préfecture et de sous-préfecture s'explique naturellement par la convenance de mettre ces comptoirs à la portée des propriétaires qui voudront y recourir, car la Banque est accessible à tous : les demandes relatives aux crédits et aux prêts, l'examen des titres, la vérification et la discussion des sûretés offertes par les emprunteurs, enfin la réalisation des prêts aussitôt après l'accomplissement des formalités légales, pourront avoir lieu sans que les intéressés soient assujétis à des déplacements onéreux et à une perte de temps nuisible à leurs affaires : les divers agents locaux de l'administration des finances n'auront qu'à se conformer aux instructions de la direction de la Banque. On désigne ici en particulier les receveurs généraux et les receveurs particuliers des finances, les préposés de l'administration des contributions directes et les conservateurs des hypothèques : c'est surtout à leur concours éclairé que seront dus le rejet ou l'admission ainsi que la réalisation de la plupart des demandes que recevra le nouvel établissement.

Les art. 2, 3 et 4 consacrent la faculté pour la Banque d'ouvrir sur la simple production d'un extrait de la matrice du rôle de la contribution foncière, un compte à tout propriétaire d'un immeuble et de créditer éventuellement ce compte d'une partie de la valeur de cet immeuble ; ils déterminent de plus dans quelle proportion le crédit sera ouvert pour chaque nature de propriété, en distinguant la propriété bâtie de toutes les autres; et enfin dans quel délai le propriétaire qui aura demandé l'ouverture d'un compte et d'un crédit devra être instruit de l'issue de sa demande.

L'ouverture d'un crédit présuppose d'ordinaire, en faveur du titulaire du compte, le droit de disposer du montant du crédit; c'est
par analogie avec ce qui se pratique en banque et pour constituer
d'ailleurs, dans une forme reçue, la base légale de toute opération
à réaliser éventuellement que les articles 2, 3 et 4 ont pris place au
projet; dans l'esprit du décret néanmoins, l'ouverture de comptes et
celle de crédits ne sont que des préliminaires destinés à constater
le fait de l'existence matérielle de la propriété offerte en gage et à
donner des bases uniformes aux opérations de prêts que la Banque
pourrait être appelée à réaliser. La production par tout propriétaire d'un premier document facile à obtenir permet à l'administration de la Banque de faire tel examen et de prendre, s'il y a lieu,
telle information qu'elle jugerait nécessaire à sa sécurité, avant le
jour où pourra lui parvenir la demande de prêt. Un propriétaire
dont la propriété est éloignée a la faculté de recourir au comptoir
qu'il lui convient le mieux de choisir; il importe donc que l'administration de la Banque ait le loisir nécessaire pour déjouer les
tentatives de fraudes auxquelles elle pourrait être exposée; le délai spécifié en l'article 4 est suffisant pour qu'elle puisse agir en
connaissance de cause.

Pour déterminer les quotités de crédits à accorder, on a pris
pour point d'appui les évaluations de revenu portées sur la matrice du rôle de la contribution foncière; il est naturel, en effet,
de se servir d'un élément déjà existant, et qu'on ne saurait suspec-
ter d'exagération : ces évaluations sont presque sans exception au-
dessous du revenu réel des immeubles : des fixations faibles, ou
du moins très modérées, ont été le résultat des discussions soute-
nues contre l'administration publique par les propriétaires : ils ont
eu soin de porter au plus bas, le produit de leurs biens afin de
n'avoir à payer annuellement que le moindre impôt ; et beaucoup
d'entre eux même se sont concertés pour cela dans un intérêt
commun. Les évaluations remontent en grande partie à des temps
déjà éloignés; depuis lors le revenu et le prix des immeubles se
sont accrus plutôt qu'ils n'ont diminué; il s'en suit que, dès que
le calme se sera généralement rétabli, les évaluations adoptées devront laisser une marge assez large à toute dépréciation.

Cependant, pour que cet élément de fixation de la quotité des
crédits à ouvrir soit plus à l'abri de critique, on a établi des dis-
tinctions entre les différentes sortes de propriétés et considéré que
des circonstances accidentelles pouvant, indépendamment de la volonté du propriétaire, rendre plus ou moins stériles certaines na-

tures d'immeubles, il y avait lieu de classer les propriétés par catégories.

On a toutefois réduit à trois le nombre de ces catégories :

1° Les propriétés bâties composées exclusivement de bâtiments d'habitation, ou à la fois de bâtiments d'habitation et de bâtiments destinés soit à une exploitation agricole, soit à une entreprise de transports, soit enfin à entrepôts ou magasins.

2° Les usines et leurs accessoires immeubles par destination, appropriés à l'exploitation d'une industrie manufacturière.

3° Toute autre nature de propriétés.

Lorsqu'il s'est agi ensuite d'arbitrer, en vue de la fixation des quotités de crédits à ouvrir, la valeur intrinsèque et la valeur relative de ces trois classes de propriétés, au lieu de la limiter, à l'instar de l'article 2,165 du Code civil, à quinze fois seulement le revenu porté en la matrice du rôle de la contribution foncière pour les immeubles non sujets à dépérissement et à dix fois pour les immeubles qui y sont sujets, limites évidemment trop circonscrites, on a considéré :

1° D'une part, que la Banque devant être mise à l'abri de toute chance de lésion, ne devrait donner à la propriété qu'une assistance restreinte, et dès-lors n'ouvrir de crédit que pour une partie de la valeur présumée de tout immeuble ;

2° Et d'un autre côté, que dans la superficie du sol se trouve à la fois pour la Banque une nature de gage moins sujette à variations dans son prix que toute propriété bâtie ; et pour l'avenir du pays une ressource plus utile, plus générale, et des espérances de prospérité mieux fondées.

Il a paru dès-lors juste et politique d'aider les possesseurs de superficies dans une mesure plus large que tous autres.

En raison de ces considérations, et suivant le projet, les crédits à accorder seraient fixés dans les proportions suivantes :

Pour les immeubles
de la 1re catégorie à 2/5 de leur valeur établie ainsi qu'il est indiqué ci-dessus.

Id. de la 2e *id.*   à 1/5 seulement. . . *id.*
Id. de la 3e *id.*   à 4/5. . . . . *id.*

Les conséquences des combinaisons qui viennent d'être présentées sont celles-ci.

	Revenu.	Valeur.	Crédits à accorder.
1re catégorie,	100 f.	1,500 f.	600 f.
2e id.	100	1,500	300
3e id.	100	2,000	1,600

Il est à croire que pour la première et la troisième catégories, 2/5 et 4/5 des valeurs estimatives basées sur le revenu inscrit aux matrices de rôles équivalent à peine à 1/3 ou à 2/3 de la valeur vénale de la plus grande partie des immeubles qu'elles comprennent.

Si l'on se récrie contre la modicité de la quotité de 1/5 susceptible d'être élevée à 1/3 pour les immeubles de la deuxième catégorie, on répondra qu'une triste expérience a démontré que beauconp d'usines montées à grands frais, mais inconsidérément, ont dû cesser de fonctionner; qu'elles ne représentent guère aujourd'hui que la valeur des matériaux à provenir de leur démolition; et que cette valeur jointe à celle du sol, et parfois à celle des machines, n'offre pas un gage qu'il soit permis de fixer à plus de 1/5 de l'évaluation assise sur l'estimation du revenu de l'usine, son activité supposée.

Il appartient à l'Assemblée nationale d'apprécier ces motifs. Quant aux autres immeubles, les inégalités d'évaluations de revenu qui, d'après les matrices des rôles de la contribution foncière existent notoirement de commune à commune pour un très grand nombre de propriétés de même nature et de même valeur, ont motivé l'introduction dans l'art. 4 du projet, de la faculté pour la Banque de faire instruire en premier ordre toute réclamation tendant à augmentation d'évaluation, sauf révision de l'instruction, et s'il y a lieu, approbation de ses conclusions, par la commission de surveillance de l'établissement.

Le même art. 4 interdit formellement, néanmoins, et quel que soit le résultat de la ventilation autorisée d'un immeuble, tout changement d'évaluation de revenu sur la matrice du rôle foncier de la commune où sera située cette propriété : il ne saurait être en effet dans les vues du gouvernement de permettre que l'intérêt privé où les convenances d'un propriétaire pussent devenir une cause d'élévation de contingent ou de perturbation dans la répartition des impôts pour la commune où il possède un immeuble.

Les art. 5 et 6 du projet déterminent les formalités que devront remplir et les pièces qu'auront à produire les propriétaires auxquels un crédit aura été ouvert par la Banque. Le nombre et la nature des productions exigées à l'appui de la demande d'un prêt préserveront l'administration de l'établissement de beaucoup d'instances auxquelles elle ne pourrait satisfaire ; toutes les fois, au contraire, que ces productions seront faites, il y aura présomption que le propriétaire ne redoute pas la discussion de la garantie par lui offerte, et que les divers points prévus au décret se résoudront d'une manière satisfaisante. Ce motif général ne dispense pas toutefois de déduire ici les motifs particuliers de quelques dispositions des mêmes articles, tout commentaire paraissant superflu pour les autres.

L'article 6 impose d'abord au propriétaire l'obligation de produire avec ses titres de propriétés le certificat de la transcription au bureau des hypothèques, de l'acte d'acquisition de l'immeuble.

Le premier soin d'un prêteur, surtout quand ce prêteur agit pour l'Etat, doit être de s'assurer qu'il traite avec le véritable propriétaire de l'immeuble offert en gage. Ce devoir justifie la première disposition de l'article 6 du projet. S'il n'exigeait pas la production du certificat de la transcription de l'acte translatif de la propriété de l'immeuble au titulaire du crédit, le gage du remboursement du prêt pourrait être illusoire, puisque rien ne constaterait que le déposant des titres de propriétés n'est point primé par un autre propriétaire porteur de titres antérieurs en date : une conséquence de la disposition dont il s'agit, pourra être, il est vrai, de retarder pour un certain nombre de propriétaires leur participation aux avantages qu'assure le décret, mais cet inconvénient ne saurait être pris en considération : la Banque, en opérant un prêt, engage en réalité le crédit et la responsabilité de l'Etat, elle est donc tenue de procéder avec prudence et d'obtenir entière sûreté contre toute revendication.

Les autres dispositions du même article 6 impératives à l'égard du propriétaire, restrictives pour la Banque, sont dictées par des motifs analogues à ceux qui viennent d'être exprimés : la sécurité du prêteur prévaut dans toutes ces dispositions sur l'intérêt et les convenances de l'emprunteur. Celui-ci, d'après l'art. 19, pourra facilement connaître, par le texte même du décret, les conditions auxquelles sera subordonnée l'obtention d'un prêt et la nature des formalités qui en précèderont la délivrance : ainsi éclairé sur tous ces points, il dépendra de lui de se rendre compte de sa position, en tant que propriétaire et d'en apprécier les conséquences avant de s'engager dans des démarches comme prétendant à un prêt. Ces démarches, en effet, pourraient demeurer stériles, si l'absence de pièces nécessaires ou la discussion des pièces produites ne donnaient pas à la Banque les moyens de s'assurer, qu'après l'accomplissement des formalités prescrites par l'art. 7, le prêt pourra être réalisé avec toute sécurité. L'existence occulte de droits d'hypothèques légales et de priviléges non inscrits, ou de droits à des actions résolutoires ne saurait être perdue de vue sans que les intérêts de l'Etat restassent exposés à préjudice : de là l'obligation pour tout propriétaire prétendant à un prêt de faire connaître s'il est célibataire, et, dans la négative, de communiquer son contrat de mariage ou de déclarer qu'il s'est marié sans faire de contrat ; de là l'intervention nécessaire de la femme mariée pour toute cession et subrogation en faveur de la Banque ; de là aussi l'obligation pour le propriétaire de déclarer, le cas échéant, sa qualité de comptable de fonds publics ou de tuteur ; de là enfin l'indication des hypothèses où la Banque s'abstiendra de donner suite à une demande de prêt.

Les dispositions de l'art. 7 du projet dérivent de ce fait, que pour l'exécution du décret, la position de l'État représenté par l'administration de la Banque, lui permet d'agir à la fois comme notaire et comme capitaliste ; au premier titre, il prend lui-même les suretés que les capitalistes expérimentés, prêteurs sur hypothèques, ne négligent point de faire prendre pour la garantie de leurs intérêts.

La Banque procède d'abord à l'examen et à l'appréciation des productions de tout propriétaire prétendant à un prêt. Si ces productions satisfont aux dispositions de l'art. 6 du décret, la Banque dresse une déclaration portant qu'il y a lieu de donner suite à la demande.

La Banque fait ensuite remplir diverses formalités que spécifie l'art. 7 du projet : elle use, à cet effet, de la faculté que lui accorde le décret, de mettre, au moyen de publications spéciales de la déclaration sus-énoncée, quiconque a privilége occulte ou droit d'hypothèque légale, judiciaire ou conventionnelle sur l'immeuble offert comme gage du prêt, en demeure de faire inscrire ces priviléges ou hypothèques, dans le délai d'un mois, au bureau de l'arrondissement, à peine de perdre l'avantage de l'antériorité.

Ces publications spéciales concernent seulement les administrateurs de communes ou d'établissements publics, les tuteurs de mineurs ou d'interdits, les titulaires de créances privilégiées ayant-droit d'hypothèque non inscrite, et enfin tout vendeur pouvant prétendre au prix, ou à une partie quelconque du prix, d'une aliénation de l'immeuble offert à la Banque en gage du prêt.

L'intervention de la femme mariée dans l'obligation souscrite par son mari, dispense l'établissement d'appeler cette femme à faire inscrire son hypothèque légale ; et quant au Trésor public, à l'égard des propriétaires ayant la qualité de comptables de deniers de l'Etat, il est mis en demeure d'agir par la demande de prêt parvenue à la Banque annexe du ministère des finances : de simples communications de bureau à bureau dans l'intérieur de l'administration centrale de ce ministère, suffisent dès-lors pour que l'établissement puisse faire vérifier si l'Etat aurait à exercer un droit antérieur à ladite demande. Ainsi restreintes à l'indispensable, les formalités semblent être justifiées par la nature des choses et concilier les égards dus aux intérêts privés avec le soin des intérêts de la Banque.

Les frais des formalités qui seront remplies, en vue de garantir de lésion les intérêts de la Banque, sont mis par l'art. 7 à la charge de cet établissement, à la différence de ce que stipulent les prêteurs ordinaires !

Cette disposition a plusieurs motifs :

1° Il importe que l'action de l'administration de la Banque soit entièrement libre et qu'elle soit même exclusive ;

2° Cette action aura, dans la plupart des cas, plus de précision, de promptitude et d'efficacité que celle de particuliers qui auraient accidentellement à s'occuper de matières qui ne leur sont pas familières.

3° Les déboursés seront de faibles sommes, et l'avantage que l'Etat trouvera dans les intérêts des prêts doit l'engager à supporter cette charge dont la quotité, mal appréciée par certains propriétaires, pourrait les détourner de recourir à la Banque.

4° L'issue de l'accomplissement des formalités sera éventuelle pour une partie des propriétaires en instance : prononcer donc qu'ils en supporteront tous indistinctement les frais, serait une condition en désaccord avec l'esprit général qui domine dans le projet.

C'est seulement après l'expiration du délai d'un mois spécifié dans les publications que la Banque accepte, sous la forme d'une obligation souscrite envers elle, l'engagement de l'emprunteur.

Celui-ci est tenu de remettre son obligation en *double* expédition ; la demande de deux expéditions se lie à une disposition particulière de l'article 16 du projet, suivant laquelle une expédition de l'obligation doit accompagner le compte que le préposé comptable de la Banque, qui aura réalisé le prêt, rendra annuellement à la Cour des comptes, chargée de la conservation de ce titre dans ses archives. Or, il est indispensable qu'une autre expédition du même titre reste à la disposition de l'administration de la Banque pour la suite des opérations auxquelles le prêt pourra donner lieu.

Le décret laisse à un réglement d'administration publique à déterminer la formule de l'obligation à recevoir par la Banque : il appartient en effet aux hommes spéciaux versés dans la connaissance du droit et des hypothèques de prévoir l'avenir et de pourvoir à ce que l'action de la Banque, soit, en cas de non remboursement d'un prêt à l'échéance, préservée d'entraves, de retards et promptement efficace.

Une disposition de l'art. 7 qui ne saurait être ici passée sous silence est celle qui n'assujettit qu'au payement d'un droit fixe de deux francs l'enregistrement de l'obligation à remettre à la Banque par tout emprunteur.

Pour s'expliquer cette dérogation à la condition commune, il y a lieu de considérer :

1° que le décret en projet loin d'être conçu dans un intérêt fiscal procède d'une pensée d'amélioration sociale ;

2° Que l'importance du droit n'ajoute rien à la garantie résultant de l'observation de la formalité de l'enregistrement ;

3° Que le Trésor public devant profiter aussi bien du droit d'enregistrement des obligations souscrites envers la Banque que des intérêts des sommes prêtées par elle, ces deux produits se confondant pour lui, ils peuvent être combinés à volonté dans le système le plus simple comme le plus économique.

4° Qu'abaisser le taux de l'intérêt afin de percevoir le droit proportionnel pour l'enregistrement, ce serait inventer une complication et augmenter d'ailleurs sans nécessité la dépense des remises des receveurs, à la charge du budget de la régie de l'enregistrement.

5° Que supposé l'admission de la disposition proposée par l'art. 9 et suivant laquelle les prêts, quelle qu'en soit l'importance, seront faits à un taux d'intérêt uniforme, il résulterait de la perception du droit proportionnel d'enregistrement pour les obligations, que le décrêt serait moins libéral envers les emprunteurs à courts termes qu'envers les autres.

6° Enfin et en résumé, que la question du droit fixe ne peut être envisagée isolément puisqu'elle se combine avec celles du taux de l'intérêt et de la durée des prêts.

L'art. 7 du projet est l'un de ceux qui paraissaient exiger le plus d'explications. Si les dispositions de cet article peuvent faire regretter le délai qu'entraîneront des formalités prescrites en vue de sauvegarder les intérêts de l'Etat, on devra remarquer d'un autre côté qu'il s'écoulera probablement encore moins de temps entre la demande et la réalisation d'un prêt qu'il n'en faudrait aujourd'hui à la plupart des propriétaires pour trouver, à prix exorbitant, un capitaliste en état de placer et disposé à placer sur hypothèque la somme qu'un emprunteur pourra obtenir de la Banque à un prix modéré.

Les articles 8 et 9 du projet sont connexes : le premier limite à trois années, *sauf prorogation*, le maximum de la durée des prêts parce que, suivant l'autre, l'administration de la Banque retient sur tout prêt, au moment où il est délivré, et en bonifiant l'escompte, les intérêts pour tout le temps à courir, aux termes de l'obligation, jusqu'au jour fixé pour le remboursement. Cette retenue importe à l'administration de la Banque, qui autrement serait assujétie aux soins et aux détails minutieux et multipliés qu'exigeraient la réclamation et l'encaissement des intérêts, à l'expiration de chaque semestre, pour une multitude de prêts qui se seront consommés à des époques différentes.

La retenue ajoute aussi implicitement aux garanties qu'obtient la Banque.

Elle met le Trésor public beaucoup plus tôt, en jouissance des ressources que doit lui procurer l'exploitation de la Banque pour le compte de l'État.

D'un autre côté, cependant, il est vrai que cette même retenue privé l'emprunteur de la disponibilité d'une partie du capital emprunté ; c'est surtout ce motif qui a fait introduire au projet la limite maximum de trois années : plus la durée du prêt eut été prolongée, plus la somme à délivrer à l'emprunteur se fut trouvée réduite.

Les diverses considérations déjà présentées et quelques autres restant à exprimer ont déterminé l'insertion au projet de la proposition de fixer l'intérêt à 4 pour cent par année. L'assemblée réduirait ce taux à 3 pour cent, qu'il y aurait motif pour justifier cette résolution : l'industrie agricole ne ressemble guère à beaucoup d'industries manufacturières ; celles-ci n'ont pas besoin d'autant de temps que la première pour apprécier l'effet de procédés d'améliorations ; le projet d'ailleurs a moins pour objet de créer un revenu à l'État que de venir efficacement en aide aux propriétaires, à l'agriculture surtout, dont le développement et le perfectionnement contribueraient tant au bien-être de ceux de nos concitoyens qui n'ont que leurs bras pour ressources.

Cependant, convient-il d'abaisser au-dessous de 4 pour cent le taux de l'intérêt des capitaux après une crise comme celle que le pays a traversée ? Si l'industrie manufacturière et le commerce, par des sentiments d'honneur et de fraternité ont accumulé depuis six mois sacrifices sur sacrifices, et ont besoin d'une assistance qu'ils pourraient trouver dans le bas prix du loyer des capitaux, d'un autre côté, la dépréciation des valeurs mobilières a tellement réduit la fortune de ceux des capitalistes que d'autres complications n'ont pas totalement ruinés, que l'équité ne semble pas permettre au gouvernement d'user de toute l'étendue de son pouvoir dans l'intérêt exclusif de la propriété.

On insistera donc seulement ici pour que tous les intérêts à courir, quel qu'en soit le taux, soient précomptés sur le montant des prêts au moment où ils auront lieu, sauf en cas de remboursement anticipé par l'emprunteur, restitution des intérêts dont il se serait libéré par avance.

Il va sans dire que dans le précompte des intérêts, le temps qui aura couru depuis la date de l'obligation jusqu'au jour de la délivrance effective du prêt, ne sera pas mis à la charge de l'emprunteur.

L'art. 10 du projet est purement d'ordre : il a pour but l'observation de la règle salutaire qui a prévalu depuis 1818 dans la comptabilité publique, et qui a pour principe la distinction rigoureuse des produits du Trésor d'avec ses charges : or, dans l'espèce, les intérêts des prêts sont un produit; l'escompte bonifié à l'emprunteur sur le montant des intérêts qu'il n'est d'usage de servir que de six mois en six mois, et dont il se sera libéré par avance, est une charge : la déduire du produit dans les comptes, ce serait s'écarter d'un principe à l'application duquel est due depuis trente ans plus de clarté dans la comptabilité des finances de l'État.

Deux points essentiels sont à remarquer dans les dispositions de l'art. 11 du projet relatif aux billets au porteur à créer et à émettre par la Banque pour satisfaire aux demandes de prêts arrivées sans obstacles au terme de l'instruction qui doit précéder toute délivrance de valeurs.

L'une de ces dispositions est pour la Banque la condition de ne créer et de n'émettre de billets *qu'au fur et à mesure de ses besoins.*

L'autre est la faculté de créer et d'émettre des coupures de 20 fr. indépendamment de celles de 100, 200, 500 et 1,000 francs.

Les besoins de la Banque ne seront autres que ceux des propriétaires qui ayant eu recours à elle, auront été reconnus en droit d'en obtenir un prêt. La Banque n'a donc point une faculté illimitée de fabriquer et d'émettre des billets. Si des signes d'échange de cette nature étaient introduits dans la circulation, à la volonté de la Banque, inconsidérément, et par masses considérables, on pourrait craindre que ces valeurs n'y fissent l'effet d'une monnaie de papier dans la véritable acception de cette dénomination. Mais il n'en est point ainsi, et c'est le contraire qui est le vrai : toute émission de billets par la Banque est subordonnée à une demande; toute demande manifeste un besoin, et ce n'est qu'à bon escient que l'administration publique y satisfait, après s'être saisie d'une contre valeur matérielle, réalisable, et destinée, en fait, au retrait des billets mis en circulation.

La disposition du décret obvie de plus à l'inconvénient de l'émission de valeurs qui existeraient dans la circulation sans destination utile. Il est certain, en effet, que ce ne sera pas sans un but arrêté que les propriétaires contracteront des emprunts, grèveront leurs biens et se résigneront à supporter une charge d'intérêts. La disposition en question garantit de plus que le signe représentatif des gages dont la Banque sera nantie n'excèdera pas l'évaluation légale de ces gages.

Dans le système où la Banque est conçu, l'Etat, en centralisant dans ses mains l'universalité des gages obtenus est naturellement garant de la solidité des billets ; il n'est donc aucunement nécessaire que chaque billet spécifie le gage qui en a motivé l'émission. Le porteur a la garantie nationale ; sa sécurité repose sur une série et un enchaînement de mesures légales de nature à ne laisser aucun doute sur la réalité de l'existence et même sur la surabondance de prix des immeubles engagés à la Banque. Il est donc notoire qu'elle pourrait, en cas de liquidation, et dans un délai déterminé, rembourser l'intégralité de ses billets.

Ces billets n'exprimeront pas, il est vrai, comme ceux de la Banque de France, qu'ils sont, à la volonté du porteur, échangeables contre espèces, mais ils n'en vaudront pas moins pour cela : dans la pratique, ces différents billets ne tarderont pas à être confondus, reçus et donnés indistinctement les uns pour les autres.

Si l'on objecte qu'il peut y avoir de l'inconvénient à l'existence de deux Banques, lesquelles en réalité seront toutes deux Banques de France sous deux dénominations différentes ; qu'il serait préférable d'effectuer les prêts avec les billets de la Banque déjà constituée et préalablement de lui transférer d'office tout droit hypothécaire acquis à la Banque immobilière ; on pourra répondre que ce serait compliquer des choses simples de leur nature ; qu'aux termes des statuts de la Banque de France, des valeurs mobilières et non des immeubles sont exclusivement les gages et nantissements sur lesquels cet établissement peut émettre ses billets, et qu'en réalité, pour tout esprit éclairé et non prévenu, la contre-valeur que la Banque immobilière aura obtenue en échange de ses billets, dans les conditions tracés par le décret, offre la meilleure garantie qu'on puisse désirer. Aussi l'assimilation de ces mêmes billets à nos anciens assignats serait-elle une méprise dont la raison publique aurait bientôt fait justice.

Quant à l'intervention ou au concours de la Banque de France, dans la circonstance, n'y aurait-il pas inconvenance à rendre une branche de l'administration publique dépendante de l'action d'un établissement en quelque sorte particulier ? Si cet établissement intervenait d'une manière quelconque dans les affaires de la Banque immobilière ne serait-il pas fondé à prétendre à une part dans les bénéfices de l'exploitation quand la totalité doit tourner au profit du Trésor public? L'Etat tient son indépendance de lui-même; il n'a pas besoin pour agir d'un auxiliaire moins puissant que lui.

Quant à la faculté donnée à la Banque de créer et d'émettre des coupures de 20 francs, elle est motivée par l'extrême division de la propriété en France. Les ressources de l'établissement étant à la disposition de tous les propriétaires indistinctement, le moindre d'entr'eux doit pouvoir profiter s'il le désire, des avantages qu'offrira un établissement éminemment national. Il n'est point à craindre d'ailleurs que la circulation de coupures de 20 francs puisse causer la disparition du numéraire métallique : il ne sagit point de billets convertibles en espèces; l'existence de ces billets sera pour ainsi dire inaperçue et insensible; elle ne saurait donc contribuer à l'abaissement de la valeur monétaire des pièces d'argent employées presque exclusivement dans les transactions du commerce, et ces billets remplaceront une si faible partie des espèces d'or qu'il n'y a lieu ni de s'en préoccuper ni de craindre l'altération de la valeur de ces dernières espèces. L'assemblée au surplus lèverait tout scrupule en restreignant l'émission des billets de 20 francs aux prêts inférieurs à 100 francs et aux appoints au-dessous de cette somme; mais il pourrait alors arriver que la restriction contrariât des propriétaires qui auraient besoin de petites coupures en plus grande quantité.

L'art. 12 consacre en faveur de tout propriétaire qui aura obtenu un prêt, des facilités de libération qu'il est fondé à espérer de l'État son créancier. Ces facilités n'ayant que l'inconvénient d'exiger de l'administration de la Banque et de ses comptoirs du soin et du travail, on ne s'arrête pas à en justifier la proposition.

Le même article prescrit les formes du retrait et de l'anéantissement des billets de la Banque nationale immobilière, qui ne seraient plus représentés par des obligations à elle remboursables.

Il prescrit de plus l'usage que l'établissement ferait de son titre de créance, en cas de retard dans le remboursement d'une obligation échue. Relativement à ce retard éventuel, il n'échappera, sans doute, à personne que son effet, pour le Trésor public, se bornerait à l'ajournement de l'encaissement *des intérêts* à courir depuis l'échéance de l'obligation jusqu'au jour de la distribution du prix de l'immeuble (*). Cet inconvénient serait d'ailleurs sans conséquences préjudiciables à l'Etat et à son crédit ; les frais d'exploitation de la Banque seront d'une faible importance ; l'établissement n'aura ni intérêts d'un fonds social à servir, ni dividendes à distribuer à des actionnaires. Dans ces conditions, son gage n'étant pas altéré ; son inscription hypothécaire subsistant en ordre utile, il peut attendre une rentrée d'intérêts dont la totalité est pour ainsi dire un revenu net. Le retrait de ses billets peut aussi, sans inconvénient, être plus ou moins long-temps différé : ces billets ne cessent point d'avoir dans la circulation les mêmes garanties matérielles et morales, après l'échéance de l'obligation qu'auparavant.

L'art. 13 mérite l'attention la plus sérieuse : la nature de l'établissement impose aux législateurs, l'obligation étroite, en le plaçant dans les attributions, sous l'autorité et la responsabilité du ministre des finances, d'en confier en outre la surveillance continue à une commission permanente dont l'assemblée déterminera la composition ; il ne suffit pas en effet que la constitution de l'établissement et le programme de ses procédés d'exécution satisfassent l'opinion publique et inspirent de prime abord une confiance sans réserve ; il faut de plus faire pénétrer et entretenir dans tous les esprits la certitude que la Banque ne s'écartera, dans aucune circonstance, de la ligne que le decrêt lui aura tracée : son succès est à cette condition, il appartient donc à l'assemblée de pourvoir.

Le projet spécifie toutefois divers objets sur lesquels l'attention de la commission devra être plus constamment fixée. Ils consistent :

1° Dans l'augmentation facultative des évaluations de revenu déjà portées aux matrices de rôles de la contribution foncière ;

2° Dans l'évaluation du revenu des articles à inscrire pour la

---

(*) Inscription hypothécaire sera toujours, par provision, prise au profit de la Banque, pour le principal de toute obligation, et pour deux années d'intérêts nonobstant le précompte à exercer lors de la réalisation du prêt, du montant des intérêts à courir sur cette obligation jusqu'au jour de son échéance.

première fois sur ces matrices à partir d'une époque à déterminer.

3° Et dans la création des billets au porteur de la Banque immobilière.

Le concours des membres de la commission au travail de l'administration centrale de la Banque pour ces divers objets n'est point de nature à entraver la marche de l'établissement, et ce concours opposera une digue salutaire à l'invasion des influences et aux obsessions dont la Banque pourrait être menacée.

En vertu des art. 14, 15 et 16, la législation qui régit diverses parties essentielles du service des finances nationales s'appliquera aux parties analogues du service de la Banque immobilière : il importe en effet que ses opérations soient assujetties à un contrôle; que les comptes individuels de ses agents comptables soient soumis au jugement de la Cour des comptes, et enfin que le compte des opérations annuelles de la Banque et sa situation générale à la fin de chaque année soient publiés en même temps que les autres comptes de l'administration des finances.

L'art. 16 contient de plus des dispositions spéciales relatives tant à la conservation, dans les archives de la Cour des comptes, de l'une des deux expéditions de toute obligation souscrite par un propriétaire qui aura reçu des fonds de la Banque qu'aux mesures à prendre avant la destruction d'un titre de cette nature; ces dispositions ajoutent aux garanties qui résultent des autres combinaisons du projet.

Par l'art. 17, on propose de dispenser l'administration de la Banque de faire procéder, pour conserver la validité de ses droits hypothécaires, au renouvellement décennal des inscriptions prises à son profit. Cet article a pour but de garantir l'État des effets de toute omission que pourrait commettre l'administration. Il affranchit d'ailleurs la Banque de soins, de surveillance et de frais qu'il convient de lui épargner.

Il est à regretter qu'au lieu de l'art. 18, le projet ne soit pas accompagné d'un autre projet tout préparé pour régler le mode d'exé-cution des opérations de la Banque dans les colonies. Aucune des notions nécessaires à l'étude de ce travail n'était à la disposition de l'auteur du projet relatif à la métropole; il est à désirer d'ailleurs que le deuxième projet sorte des mains de personnes versées dans la connaissance de l'organisation territoriale de nos possessions d'outre-mer et de la législation qui les régit.

L'art. 19 et dernier du projet pourvoit à ce que dans les moin-dres communes de la République, les dispositions du décret puis-sent toujours être facilement consultées par les propriétaires qui les habitent : une publicité permanente éclairera chacun sur son droit et sur les conditions auxquelles il pourra utilement l'exercer : elle préviendra de fausses démarches, le recours onéreux à des in-termédiaires, enfin la perte de temps et les frais auxquels beaucoup de propriétaires resteraient exposés s'ils n'avaient constamment à leur portée le texte même du décret.

Tels sont les motifs des dispositions du projet: leur enchaînement logique permet de reconnaître qu'elles sont facilement praticables ; il suffit, en effet, de mettre à l'œuvre les hommes exercés dont le dévouement est tout acquis au pouvoir central.

Un maire ou son adjoint délivre l'extrait de la matrice du rôle de la contribution foncière ;

Un directeur des contributions directes de département révise cet extrait et le développe, s'il y a lieu.

Hors de Paris, un receveur-général des finances ou un receveur particulier préposé et correspondant naturel de la direction de la Banque; à Paris, cette administration elle-même recueille l'extrait et fait connaître au titulaire s'il peut obtenir l'ouverture d'un compte et celle d'un crédit.

L'un de ces receveurs ou la direction centrale de la Banque re-çoit avec la demande du prêt les pièces qui doivent l'accompagner.

Dans chaque arrondissement de préfecture et de sous-préfecture un avoué agrégé à l'agence judiciaire du Trésor public ; à Paris, l'agent judiciaire lui-même est, au besoin, le conseil de la Banque.

Si les productions satisfont aux conditions du décret, la Banque, ou l'un de ses comptoirs, provoquent les publications nécessaires à la garantie de la sécurité de l'établissement.

Ces formalités accomplies ; tout délai de garantie expiré ; l'obligation de l'emprunteur déposée, l'administration de la Banque prépare les billets à délivrer.

L'administration des postes se charge de leur transport.

Ils sont délivrés par un receveur des finances ou par l'administration centrale elle-même.

Il est rendu compte de l'opération à la Cour des comptes ; ce tribunal juge le compte et conserve dans ses archives, jusqu'à parfait remboursement, une expédition du titre constatant le droit de la Banque.

On voit par ce résumé que le personnel extérieur de la Banque est tout créé et que des hommes éprouvés le composent. N'est-il donc pas probable que le mécanisme de l'institution fonctionnerait tout de suite avec célérité et régularité?

Voilà pour un côté de la question, celui de l'exploitation de l'établissement par l'État (*).

Veut-on maintenant envisager l'institution sous le rapport de son utilité ? La question a tant d'aspects divers où les preuves surabondent qu'on ne saurait ici les mettre tous en lumière. Considérons seulement quelques uns des effets présumés de la mobilisation d'une partie de la propriété foncière, de la dissémination du signe représentatif de cette valeur sur la surface de la République et de l'emploi qu'il y recevrait. Faisons même abstraction de ceux de ces effets que produiraient des améliorations à la propriété bâtie, bien qu'elles soient de nature à ranimer et à entretenir bon nombre d'industries aujourd'hui et souvent en souffrance; ne nous occupons que des autres propriétés.

Quels que soient les travaux que fasse exécuter un gouvernement, ils ne sauraient avoir une importance matérielle et morale comparable à celle des travaux que peuvent entreprendre les propriétai-

---

(*) Il n'est pas supposable qu'il s'élève, quant au fond, d'objections contre cette exploitation : dès qu'il ne s'agit pas d'une industrie libre, rien n'est plus naturel que de l'adjuger au gouvernement en position de l'exercer à l'avantage de tous : différente d'autres industries objets de concessions et d'autorisations à des compagnies ou à des particuliers, et dont l'exploitation était récemment revendiquée pour l'État (chemins de fer, assurances), la Banque immobilière peut entrer dans le domaine public et y rester sans que personne puisse invoquer un droit acquis, redouter une lésion et prétendre à une juste indemnité.

res du sol d'un pays. Le parallèle entre ces travaux serait tout à l'avantage de ceux exécutés par les propriétaires, tant sous les rapports de l'ordre public, de l'économie et de la continuité, que sous ceux de leur influence sur le bien-être de la population: Ils n'ont point, d'abord, l'inconvénient d'agglomérer sur certains points du territoire, sans que les autorités locales y aient des moyens de police et de répression suffisants, une multitude d'hommes de mœurs, de caractères et d'antécédents inconnus, parmi lesquels il peut s'en trouver de dangereux par leurs exemples ou par leurs conseils. Ces travaux isolent beaucoup moins le fils du père, le chef de famille de sa femme et de ses enfants. C'est d'ordinaire, conseillé par son intérêt privé, qu'un propriétaire entreprend des travaux d'améliorations à son héritage ; ces travaux ont été par lui long-temps médités ; souvent même ils sont devenus l'objet de controverses entre lui et ses voisins ; il est donc rare que leur résultat reste stérile ; la production soit d'une plus grande quantité ou d'une meilleure qualité de substances alimentaires, soit de combustible ou de matières à ouvrer est le but des travaux. Si ce but est atteint, les besoins de la vie des hommes dans la commune ou dans la contrée sont satisfaits mieux ou à moins de frais ; nul doute donc que si le génie français s'adonnait désormais avec autant d'ardeur au développement et au perfectionnement de toutes les parties de l'agriculture qu'il en a montré depuis cinquante ans pour étendre les conquêtes de l'industrie manufacturière, le pays en serait bientôt plus heureux et serait moins exposé aux calamités qui ont si profondément affligé à différentes reprises de grands centres manufacturiers ; or, l'institution de la Banque immobilière est propre à donner une impulsion durable aux entreprises agricoles.

Si cette conjecture se réalise (*), la connaissance du bien-être des

---

(*) Tous les yeux sont fixés sur l'agriculture et c'est d'elle en effet que peut venir le salut du pays :

« L'agriculture secondée par la science, écrivait naguère un membre compétent du cabinet, attirera *le Capital* et les améliorations qu'il n'appartient qu'à lui de réaliser.

« L'agriculture offrira désormais aux travailleurs *dans tous les rangs* une carrière utile et honorée. »

Ces pronostics séduisans ne seraient que des illusions, si une partie de la propriété foncière ne devenait mobilisable à prix modéré par l'action des pouvoirs publics : les capitaux aujourd'hui rares et chers, surtout pour l'industrie agricole, resteraient hors de sa portée et les espérances du ministre de l'agriculture seraient déçues !

populations rurales ne persuaderait-elle pas à des hommes que le gout des plaisirs non moins que l'appat de salaires élevés retiennent dans les grandes villes, que des jouissances accidentelles de superflu coutent plus et valent moins qu'un constant et abondant nécessaire? Eux aussi n'éprouveraient-ils pas alors la vérité de cet adage : que labourage et paturage sont deux mamelles intarissables ?

Que remarquons-nous au contraire, depuis 15 à 20 ans surtout, dans les cantons manufacturiers ? Une fois l'équilibre rompu entre la production d'une part, les débouchés et la consommation de l'autre, la population qui concourait à cette production, reste exposée à une vie de privations excessives, au dépérissement et aux suggestions de la malveillance. Il n'en est point ainsi quand les fruits de la terre offrent un excédent de la production sur l'écoulement et la consommation ; cet excédent est tout à l'avantage du manouvrier ; il ne cause pas à la masse des propriétaires un préjudice grave, et surtout, il ne compromet point la tranquillité publique. N'arrive-t-il pas d'ailleurs un moment où ce même excédent trouve sa place ? Des récoltes mauvaises ou médiocres ne succèdent-elles pas à de bonnes récoltes ?

Supposé néammoins que des ateliers ruraux dépourvus de bras ne réussissent pas à en recruter dans les grands centres d'industrie manufacturière ; qu'en résulterait-il, si ce n'est, en faveur de la population des localités dépourvues, une chance d'élévation de salaires qui la détournerait d'autant plus de la route des manufactures ? Auprès de ces derniers établissements, la tâche des autorités et celle des personnes charitables qui s'occupent des souffrances et des besoins de leurs semblables deviendrait alors moins difficile à remplir !

Mais les considérations de cette nature nous entraîneraient trop loin. N'ajoutons plus que quelques mots à la présente note en faisant remarquer qu'une Banque immobilière constituée dans le système développé serait en quelque sorte pour les propriétaires ce qu'était pour le rentier de l'État, le fonds d'amortissement de la dette publique, alors que ce fonds remplissait le but de sa création : le rentier, son inscription à la main, trouvait toujours un preneur quand il avait besoin de fonds ; le propriétaire, avec un bien suffisamment libre, trouverait toujours un prêteur !

Concluons enfin qu'une conséquence prochaine de l'adoption du décret serait probablement la reprise générale du travail ; reconnaissons dès lors que le salut du pays n'est pas moins dans les mains de l'Assemblée Nationale sous les rapports économiques et financiers que sous le rapport politique. Espérons donc qu'elle voudra changer l'aspect de la France et rassurer les esprits qui douteraient encore de la possibilité d'un avenir prospère pour notre patrie, sous la forme de gouvernement qui la régit actuellement.

Plaise à Dieu surtout que le remède ne se fasse pas attendre! que l'hiver, ni même l'automne déjà si près de nous, ne surprenne le pays dans l'atonie dangereuse où il reste plongé! Plus sera différée la mesure qui ravivrait son existence, plus long-temps cette existence serait exposée à des convulsions : il n'y a point là d'hyperbole pour qui voit de près les souffrances d'un nombre infini de familles d'ouvriers réduites par six mois d'un chômage forcé, aux extrémités les plus désespérantes; les secours publics et les ressources de la charité chrétienne s'épuisent, si elles ne sont déjà épuisées ; dans de nombreuses communes où il en est ainsi, les vivres, même au prix le plus bas, sont hors de la portée de l'individu qui n'a rien, ne reçoit rien et ne trouve moyen de rien gagner!

Argenteuil (Seine-et-Oise), 15 Août 1848.

Paris.—Imprimerie de E. MARC-AUREL, rue Richer, 20.